AF240141

4 mars 1851

CATALOGUE

D'UNE

PRÉCIEUSE COLLECTION

DE

TABLEAUX

MODERNES,

ET D'AQUARELLES,

ET DE

QUELQUES TABLEAUX ANCIENS,

Formant le Cabinet de M. le Comte de N*** *Narbonne*

DONT LA VENTE AURA LIEU

HOTEL DES VENTES MOBILIÈRES,

RUE DES JEUNEURS, N. 42,

Salle, N° 1,

LES LUNDI 24 ET MARDI 25 MARS 1851,

à deux heures précises,

Par le ministère de M° RIDEL, Commissaire-Priseur, rue Saint-Honoré, 385,

Assisté de M. FERDINAND LANEUVILLE, Expert,

rue Caumartin, n° 44,

— ◇ ❧ ◇ —

EXPOSITION PUBLIQUE

Le Dimanche 23 Mars 1851, de midi à cinq heures.

— ◇ ❧ ◇ —

PARIS,

IMPRIMERIE ET LITHOGRAPHIE DE MAULDE ET RENOU,
rue Bailleul, n. 9 et 11, près du Louvre.

1851.

CATALOGUE

D'UNE

PRÉCIEUSE COLLECTION

DE

TABLEAUX

MODERNES,

ET D'AQUARELLES,

ET DE

QUELQUES TABLEAUX ANCIENS,

Formant le Cabinet de M. le Comte de N***

DONT LA VENTE AURA LIEU

HOTEL DES VENTES MOBILIÈRES,

RUE DES JEUNEURS, N. 42,

Salle, N° 1,

LES LUNDI 24 ET MARDI 25 MARS 1851,

à deux heures précises,

Par le ministère de M° RIDEL, Commissaire-Priseur, rue Saint-Honoré, 335,

Assisté de M. FERDINAND LANEUVILLE, Expert,
rue Caumartin, n° 44,

EXPOSITION PUBLIQUE

Le Dimanche 23 Mars 1851, de midi à cinq heures.

PARIS.

IMPRIMERIE ET LITHOGRAPHIE DE MAULDE ET RENOU,
rue Bailleul, n. 9 et 11, près du Louvre.

1851.

CONDITIONS DE LA VENTE.

Elle sera faite au comptant.

Les acquéreurs paieront, en sus des adjudications, cinq pour cent applicables aux frais de vente.

LE PRÉSENT CATALOGUE SE DISTRIBUE

PARIS, chez MM..
{ RIDEL, Commissaire-Priseur, rue St-Honoré, 333;
Ferdinand LANEUVILLE, Expert, rue Caumartin, n. 44,

A BRUXELLES — HÉRIS;
A LIÉGE — VAN MARK;
A AMSTERDAM — chez MM. — BRONDGEEST, Hearengracht;
De VRIES, Princen Gracht;
A LA HAYE — WEIMAR, Noord Einde;
A ROTTERDAM — LAMME, Hoog Stract.

DÉSIGNATION

DES TABLEAUX

BEGA.

1 — Une jeune femme assise sur le bord d'une croisée, joue de la mandoline.

BERGHEM (N.)

2 — Sur une route près d'une ruine, un berger conduit un troupeau de vaches.

BIARD.

3 — Le bain des dames.

BOUCHER.

4 — Moissonneuses endormies.

DU MÊME.

5 — Diane surprise par Actéon.

BOUCHER.

DU MÊME.

COIGNARD.

DECAMPS.

DEDREUX (A.)

DU MÊME.

DELACROIX (E.)

DE LA GENTILLE.

DEMARNE.

DIAZ.

15 — La magicienne.

DU MÊME.

16 — Chevaux au pâturage.

DU MÊME.

17 — Les délaissées.

DORCY.

18 — Jeune fille.

DUPRÉ (J.)

19 — Un pâtre faisant désaltérer son troupeau.

DU MÊME.

20 — Un berger gardant des moutons dans une forêt.

DURER (Albert).

21 — La salutation angélique et l'adoration des bergers. Tableau à volets.

Ce tableau est doublement précieux, soit sous le rapport de l'art, soit sous celui de la rareté; l'exécution en est d'un fini dont on ne saurait trop s'étonner.

Collection Erard et de Bruges.

FINART (1845.)

22 — Halte de cosaques.

FLANDRIN (P.)

23 — Pâtres conduisant des troupeaux.

FLEURY (L.) 1844.

24 — Paysage. Paysans conduisant un chariot attelé de bœufs.

FRAGONARD.

25 — Apparition de la Vierge.

DU MÊME.

26 — Le serment d'amour.

FRANQUELIN.

27 — Jeune femme lisant des lettres.

FREGOIZE (E.)

28 — Chute d'eau près d'un pont.

GUDIN.

29 — Marine. Effet de soleil couchant.

GREUZE.

30 — Tête de jeune fille de la plus belle qualité du maître.

Tiré du cabinet de M. Carrier.

GREUZE (GENRE).

31 — Jeune fille tenant une colombe.

M⁰ᵉ HAUDEBOURG.

32 — Une jeune femme fait dire la prière à son enfant.

DE LA MÊME.

33 — Vœu à la Vierge.

ISABEY (E.)

34 — La famille du pêcheur. Tempête.

DU MÊME.

35 — Près d'une cabane au bord de la mer, des enfants gardent du poisson.

LANCRET.

36 — Dans un beau parc, une nombreuse société se livre au plaisir de la danse.

LANTARA.

37 — Une tempête.

LENAIN.

38 — La partie de cartes.

LONGUET.

39 — Deux enfants jouant sur l'herbe.

MARILHAT.

40 — Des vaches viennent se désaltérer dans un étang. Effet d'orage.

OUDRY.

41 — Chasse au tigre.

PATER.

42 — Satyre contemplant une nymphe endormie.

POELEMBOURG (GENRE).

43 — Nymphes et satyres.

DU MÊME.

44 — Même sujet. Pendant du précédent.

PRUDHON.

45 — L'Innocence entraînée par l'Amour et suivie du Repentir.

Les tableaux de Prudhon, plus appréciés de jour en jour deviennent fort rares; celui-ci est un de ses chefs-d'œuvre. L'idée poétique est parfaitement rendue et l'exécution est admirable. On suit ce tableau jusqu'à son origine; c'est à la vente de M. Saint qu'il a été acheté et M. Saint le tenait de Prudhon lui-même.

ROQUEPLAN (C.)

46 — Deux jeunes filles se mettant des fleurs dans les cheveux.

DU MÊME.

47 — Un pâtre gardant un troupeau.

DU MÊME.

48 — Fête de village au clair de lune.

DU MÊME.

49 — Les muletiers.

DU MÊME.

50 — Des paysans allant au marché.

ROUSSEAU (Th.)

51 — Paysage avec mare.

DU MÊME.

52 — Paysage. Effet de soleil couchant.

RUYSDAEL (J.)

53 — Paysage avec chute d'eau.

Une cascade dans la demi-teinte occupe le devant du tableau.

Sur le second plan, un beau paysage éclairé par un coup de soleil.

Tout est réuni dans ce tableau, une jolie composition, un effet piquant et une exécution parfaite.

SCHOPIN (H.)

- 54 — Virginie au bain.

SCHUTZ.

- 55 — Vue des bords du Rhin.

SWEBACH (PÈRE).

- 56 — Une chasse.

DU MÊME.

- 57 — Marche d'armée.

SWEBACH (E.) 1839.

- 58 — Le saut de la barrière.

VIDAL.

59 — La chasse au filet.

WATTEAU.

60 — Un jeune homme et une jeune femme endor-
mis au pied d'un arbre.

DU MÊME.

- 61 — Un camp.

WINANTZ.

- 62 — Paysage avec terrain éboulé.
Charmant tableau du plus beau temps du maître.

WINANTZ (d'Anvers).

63 — Paysage.

ÉCOLE ANGLAISE.

64 — Deux pendants représentant des scènes de tripots.

INCONNUS.

65 — Hussard hongrois.

66 — Le peseur d'or.

67 — Fruits sur une table.

68 — Une femme qui moud son café.

69 — Deux petits paysages.

DESSINS ET AQUARELLES.

BONNINGTON.

70 — La prière.

DU MÊME.

71 — Marine.

BONNINGTON.

72 — Paysage avec canal.

DU MÊME.

73 — Une dame tenant un faucon.

CASSAS.

74 — Site montagneux. Effet de neige.

CHARLET.

75 — Le brigand calabrais.

DEDREUX (A.)

76 — Chasse à courre.

DU MÊME.

77 — Départ pour la chasse.

DECAMPS.

78 — Intérieur de village, un homme regardant des enfants qui donnent à manger à des cochons.

DU MÊME.

79 — Les singes comédiens.

DEVÉRIA (E.)

-80 — La dame blanche.

GÉRICAULT.

-81 — Le cheval du plâtrier.

HILDEBRANDT.

-82 — Une femme et un enfant au bord de la mer.

DU MÊME.

-83 — Un enfant gardant des chevaux.

J. B.

-84 — Vue de Suisse.

JOHANNOT (A.)

-85 — Une dame et son enfant se promenant dans un parc.

LEDIEU (P.)

-86 — Un renard.

DU MÊME.

-87 — Un sanglier.

MARILHAT.

-88 — Caravanne.

SCHEFFER (A.)

— 89 — La famille du pêcheur. Tempête.

VALMONT.

90 — Deux chiens de basse-cour.

GRAVURES ANGLAISES.

91 — Deux sujets de chasse d'après Davis.

92 — Chien de chasse d'après Cooper.

93 — Le cheval du messager, d'après Cooper.

94 — Chienne avec ses petits, d'après Davis.

95 — Sous ce numéro seront vendus les tableaux omis.

Imp. Maulde et Renou, r. Bailleul, 9-11.